다정한 사물들

다정한 사물들

시인수첩 시인선 049

김혜영 시집

여우난골

| 시인의 말 |

식탁 아래 떨어진 빵가루가
사라지는 동안

안드로메다 은하 너머로
빛이 날아간다

있는 그대로의 나를 사랑하라는
햇빛처럼

2021년 7월
김혜영

| 차례 |

시인의 말 · 5

1부

튤립 · 13

목련을 닮았다 · 15

노르웨이 숲의 사이프러스 · 18

나무와 하얀 뱀이 있는 숲 · 20

마네의 풀밭에서 · 21

다정한 사물들 · 24

가스라이팅 · 26

진주 귀걸이를 단 서태후 · 28

야구 소년이 잠들었을 때 · 32

데미안 허스트 · 34

뱀을 그리는 일곱 가지 비밀 · 36

사막의 저격수 · 38

개미들의 청춘극장 · 40

세탁소에 걸린 남자 · 42

고래의 입술 · 44

모던 걸 · 46

꽃들의 복음 · 50

수월관음도 · 54

2부

A. I. 소녀와 히아신스 소년의 대화 · 59

무감각 제국의 소년 · 62

유리병의 감정 · 64

아침 식탁을 차리는 알렉사 · 66

초록 뱀 구두 · 68

시계는 사과나무의 사랑을 모르고 · 70

동행 – 제24호 · 72

얼굴로 만든 책 · 76

당신이라는 은유 · 78

입술들 · 80

질문들 · 82

오키나와 해변의 연인 · 84

사바나 초원에서 · 88

소년의 피로 물든 나무 · 90

오슬로는 투명해 · 92

3부

까마귀 · 97

욕조의 마네킹 · 100

모노로그 · 102

딸기를 먹는 일요일 · 104

변태적인 R과 마조히즘 취향을 가진 S · 106

냄비와 구두 · 110

더블베이스 흑인 연주자, 찰리 · 112

내 이름은 차밍 걸 · 114

나무는 테니스를 친다 · 118

자서전을 쓰는 가을 저녁에 · 120

새들의 신발 · 122

맹그로브 숲으로 · 124

로마에서 에스프레소 커피 두 잔을 · 126

도서관의 마녀들 · 129

플라스틱 인어 · 132

포르노그래피 시상식 · 134

엔딩 게임 · 137

해설 | 구모룡(문학평론가)
어긋남의 감각 · 139
—김혜영의 시세계

1부

튤립

공원은 기하학이다

두 손은 다정하고
공사장 인부의 안전모가 빛나고

먼 네덜란드를 떠나온 튤립 구근은
부산 시민공원 입구에 피어나
나비 떼처럼 흔들린다

카메라 렌즈에 비친
노란 튤립 사이로
수녀의 검정 치마가 흔들린다

은은히 불어오는 예감에
입술은 공기처럼 부풀어 오르고
튤립 봉오리는 미풍에 고개를 흔든다

벤치에 앉은 노인은

아내의 손을 쓰다듬는다
감미로운 속삭임이 번지는 저녁

곁에 가만히 다가온 몸짓
누구일까,
계절을 기억하는 나선형 우주는 음악을 켜고

우리가 사랑한 붉은 튤립이
흔들린다, 기하학적으로

목련을 닮았다

남해 바닷가에 핀 목련을
카메라에 담는다 색을 지운다

바다가 파란 것은 아득한 날에 누군가
처음 그 말을 했기 때문이리라
바다가 검다는 사실은
암실에서 알았네

흑백으로 인화하기로 결정하니
두 개의 색이 존재하고
두 개의 언어가 존재하고

그 사이에 우리는 서로의 입술을
깨물었다 그곳을 부드럽게 애무한
언어는 몇 개의 겹을 지녔을까

태초의 언어는 색이 없는데
태평양을 건너온 무심 스님은

회색 승복을 입었다 주장자를 들더니,

쿵!
법상을 내리쳤다

목련을 떠올리게 하는
흰 피부와 바다를 연상시키는
푸른 눈에서 모국어가 사라졌다
백혈병의 색깔은 목련을 닮았다

흰빛이 흐려졌다 짙어지는
봄날 바닷가는
죽음의 서곡처럼 침묵에 잠기고

귓가에 파아란 파도 소리가
수채화처럼 번진다, 듣고 있나요

목련이 지는 날

심장에 파란 멍이 들었고
스님 무덤에 흰 눈이 내렸네

노르웨이 숲의 사이프러스

발아래 잠든 것은
잃어버린 눈송이였을까

눈사람의 가슴은 따스해지고
눈 내린 노르웨이 숲에서
새는 깃털에 앉은 눈을 털었지

빙하는 푸른 우울인지도 몰라
광장에서 노래 부르던 당신이 떠올랐지
눈빛은 투명하고 술 냄새를 풍겼지

빙하가 흐르는 강은 우윳빛,
호수가 들려주는 물빛 음악에
우리는 고요에 물들었지

죽은 주인을 찾아
숲으로 떠난 개는 어디로 갔을까
넌 이마가 참 맑구나

사이프러스 나무 그늘로 들어오렴

호숫가 옆 오두막에 켠 등불
여름밤은 느린 발걸음으로 걸어오지
백야라는 말에, 울컥 눈물이 났어

겨울이 오면 어둠은 우리를 안아주겠지
오로라는 먼 북쪽 하늘에 피어오르고

별은 하늘에 떴다 사라지고
눈이 내리면 사라지는 먼 마을의 전설처럼
우린 노르웨이 숲에서 잠들어요

나무와 하얀 뱀이 있는 숲

얼음을 주세요 입술에 물집이 부풀고 이마가 뜨거워요 눈 먼 악사처럼 머리카락은 얼굴을 가려요

비늘이 돋아나요 나의 방에서 혀를 날름거리는 하얀 뱀, 혀에 불이 났어요 비밀의 숲은 떠올라요

얼음을 주세요 당신의 숲은 두터운 갑옷을 입고 태양과 싸우지요 오븐의 식빵은 부풀고 제발, 얼음으로 빚은 계절을 데려다줘요

북극성에서 쏟아지는 별똥별

검은 늪에 떠 있는 새

거품으로 변하는 나의 방, 촛불은 꺼주세요 부활은 아직 멀었어요. 꽃의 입술에 뱀의 혀가 닿고, 숲

하얀 뱀을 따라 나의 방에 이슬이 떨어져요, 숲, 숲,

마네의 풀밭에서

마네가 풀밭에 앉아 점심 식사를 한다
부르주아였던 마네는 양복을 입고
친구와 보르도 와인을 마신다
애인은 누드의 포즈로 앉아 있다

그녀의 옷을 마네가 벗겼는지
그녀 스스로 벗었는지
풀밭 가장자리에 선 나무는 안다

새해 첫날,
식당 계산대에 앉은 돼지의 코를 본다
바이러스 열병에 걸려
생매장 당한 돼지들의 울음은 어디로 갔나

실비아 플라스는 「아빠」란 시에서
남편이었던 테드 휴즈에게
"개새끼!"라고 욕을 퍼붓는다

'시는 아름다워야 한다'는 관념을 부수는 고백시는
미국 문학사의 한 페이지를 장식했지
내일을 모르는 돼지처럼
우린 마네의 그림을 닮았지

살롱전에서 떨어져
낙선전에 그림을 걸었던 마네는 와인을 마신다
매독에 걸린 마네처럼 시는 우울하다

오르세 미술관으로 가는 비행기 티켓이 필요해
문학의 아우라는 어디서 오는 걸까
말랑말랑한 언어가 사랑받는 비법인가

에밀리 디킨슨은 평생 조명을 받지 못한 채
서랍 안에 시를 차곡차곡 쌓아두었고
실비아 플라스도 인정받지 못한 외로움에 슬펐지

고흐는 창녀를 사랑했지

슈만은 정신병동에 입원했었지
타히티 소녀의 알몸을 그린
고갱도 지독한 매독에 걸렸지

푸른 풀밭에 앉은 아름다운 돼지들
뱃살이 뚱뚱해도 괜찮아, 실패해도 괜찮아
버림받아도 넌 아주 소중해
오늘 밤은 평안하게 잠을 자렴

다정한 사물들

음악이 말을 건네는 밤
처녀자리를 지나온
별이 다가왔다

번개처럼 사랑을 고백한 당신은
손등에 키스했지만
밤길을 동행하지는 않았지

이래라저래라 하지 마, 지겨워
애인은 전화를 끊어버린다

저 옷들은 내 취향이 아니야
마음속 얘기는 전혀 하지 않았지
옷장에 차곡차곡 저장만 하고
봄날이 와도 입지 않았지

바늘구멍을 뚫고 취직한 낙타는
빨간 입술로 이상한 충고를 하지

자유로운 물고기로 사는 게 좋아

도다리처럼 눈을 흘기면서도
우아한 미소를 짓는 정원의 꽃들
그림자가 되어주기를 바라는
커다란 나무들, 징그러워

불편한 식물들을 외면하는 밤
달은 더 어두웠고
난 피아노를 연주했다

가스라이팅

팽이를 때린다 너를 때리고 싶어
네가 대답을 하지 않을 때
난 상상 속 팽이를 때린다

사나운 맹수처럼 채찍을 휘두른다
팽이는 그 힘으로 돈다

어쩌면 내가 맞는 것인지 모른다
독재자는 사랑을 은밀히 포장하지
가족도 짐승처럼 권태로워

탈주하는 나는 팽이를 때린다
우린 이류, 삼류라는 계급에 노출되었지
애인은 달콤한 혀로 눈꽃을 만들어
회색 공간에 흩뿌린다

성탄을 앞둔 모차르트 카페에서
천사들은 파티를 준비하고

구석진 자리에서 나는 파란 불빛이 된다

파랗게 멍들어 빛이 되는 신비
팽이는 맞으면서 생의 의지를 불태우고
미니 전구는 겨울밤 창가에 불빛을 비춘다

---

* 가스라이팅(gaslighting)은 상황 조작을 통해 타인의 마음에 스스로에 대한 의심을 불러일으켜 현실감과 판단력을 잃게 만든다. 정신을 황폐화시키고 그 사람에게 지배력을 행사하여 결국 파국으로 몰아가는 것을 의미하는 심리학 용어이다.

진주 귀걸이를 단 서태후

1.

동방미인은 구름을 탄다
가느다란 피리를 분다
하늘거리는 소매가 바람에 날리고

진주 귀걸이를 단 서태후는
버드나무 아래 앉아 우롱차를 마신다

청나라 황제의 산책로에 몰래 숨은
그녀는 비파를 켜며 그를 유혹했지
나뭇잎은 노랫가락에 흔들렸지

자금성 지붕은 누렇게 뜬 얼굴로 병들고
함풍제가 죽고, 동태후가 죽고,
아들 동치황제가 죽고,
동치황제의 황후가 죽고, 광서황제도 죽었지……

수렴청정의 긴 그늘은
청일전쟁을 불러오고
만주족의 영광은 시들어 가는데

서태후의 긴 손톱처럼
욕망은 끝이 없지
청나라가 몰락해도 손톱은 더 길어졌지

2.

북경으로 겨울 여행을 떠난 우리는
이화원의 긴 복도를 뛰어다녔지
호수에 눈이 내리고

칼날 같은 바람이 볼을 스치고
차가운 두 손에 입김을 불었지
꽁꽁 언 호수가 아름다워

두 뺨에 눈물이 번졌어

서태후가 걸어간 긴 회랑의 끝에서
비릿한 생선 냄새가 불어왔지
권력의 밑바닥까지 샅샅이 누렸던 그녀가
문득 그리워지는 이유는 무엇일까

매독에 걸린 아들은 모란으로 피었다 지고
침소에 들어온 어린 남자도 피었다 지고
진주를 수놓은 옷자락에서
아들도 애인도 눈처럼 녹아버렸지

3.

서늘한 공기가 스미는 저녁
호텔 침대에 비스듬히 누워
말라비틀어진 땅콩과 칭타오 맥주를 마신다

수장된 청나라 백성의 시체를 잊은 듯
이화원 호수의 물빛은 고요하고
달빛에 어른거리는 얼룩진 사건들

칼날의 끝까지 걸어간 유령들이
흰 눈꽃이 되어 흩날린다
이국의 관광객은 이화원에 지폐를 뿌리고
중국 안내원의 지갑은 두둑하다

진주 귀걸이를 단 서태후는 우롱차를 마신다
손톱에 매니큐어를 바른 채
거울 속으로 바람을 부르고 구름을 탄다

야구 소년이 잠들었을 때

야구 점퍼가 잘 어울리는 아이
메이저 리그 투수가 되면
엄마에게 벤츠를 사 준다는 소년

사춘기가 된 아들 코 밑에
거뭇거뭇 수염이 자라고
울대뼈 우뚝 솟아오른
나무 한 그루 봄바람에 흔들린다

화장실 문을 꼭 꼭 잠그고 샤워를 하다
문을 열면 버럭 소리를 지르는 나무
샤워 커튼 너머로 보이는 실루엣

몰래 컴퓨터 게임을 하다 방문을 열면
딴청을 피우는 푸른 나무가 웃는다
옆집 소녀의 나풀거리는 치마를 흘낏 보다
귓바퀴가 빠알개지는 나무 한 그루

이마에 돋은 여드름을 짜달라며
내 무릎에 눕는 나무 한 그루
그 곁에 누운 시간의 얼굴

소년은 꿈속의 야구장에서
먹이를 향해 질주하는 재규어처럼
강속구를 던진다

홈런!

와장창 유리창이 깨지고
창밖에 핀 목련이 하얀 고함을 지른다

데미안 허스트

해골이 웃는다
바다의 얼굴을 만지는 햇살처럼
물고기의 은빛 비늘처럼

어느 별에서 온 걸까
한 방울, 한 방울 박혀 있는 죽음의 향기
입을 벌리면 피어오르는 안개

어느 정원에 튤립 구근을 심을까

붉은 작약이 피는 계절
언니는 내 애인을 사랑한다고 고백했지
물속 요정들은 물거품처럼 수다를 떨었고

바람은 데미안에게 무엇을 속삭였을까
무덤은 달콤한데
일요일에는 양의 목을 잘라 제사를 지냈지

엄마는 매일 혈압이 오르고
난 감기약을 먹었지
캡슐 속 흔들리는 파란 튤립 같은

데미안의 이마에 반짝이는 다이아몬드처럼
반짝이는 엄마처럼
무덤 속으로 걸어가는 유령들

무덤 위의 풀잎에 맺힌 이슬
우린 해골에 박힌 다이아몬드를 사랑하지

* 데미안 허스트(Damien Hirst)는 영국의 현대미술가. 토막 낸 동물의 시체를 유리상자 안에 넣어 전시하는 그로테스크한 작품을 선보였다. 이 시는 그의 '신의 사랑을 위하여'라는 해골 조각품을 모티프로 차용함.

뱀을 그리는 일곱 가지 비밀

 반지를 도둑맞았네. 범인의 손을 보았지만 묻지 않았네. 의심이라는 뱀이 자라는 유월, 언니는 숲속으로 걸어갔네. 앗, 뱀이다! 비명 소리에 숲은 어깨를 움츠렸네. 초록 뱀은 덤불로 달아나고

 문장을 도둑맞았네. 뱀 꼬리는 행간으로 미끄러지고, 호두나무가 상을 받았네. 자동차 눈매는 사나운 표범을 닮았지. 눈동자는 잃어버린 문장을 찾아 숲으로 떠나고

 나비를 액자 바깥으로 날려 보낼까. 천경자는 새들의 입안에서 녹아버렸네. 꿈틀거리는 뱀을 그린 그녀는 그림을 도둑맞았네. 물감을 쏟아버리고 붓을 꺾었네. 그녀는 초록 뱀이 되었네. 벽에 걸린 그녀의 머리에 등꽃이 피어났네.

 발자국을 지우는 사막
 태양의 분화구처럼
 붉게 타버린 심장을 훔치는 유월

     의심이라는 뱀이
신성한 숲으로 들어가는 계절

뱀을 그리는 일곱 가지 비밀은
화원에서 은밀히 전수되고

그림 속 하늘은
아무 일 없는 듯 고요하네

사막의 저격수

톡, 톡,
열 개의 손가락이
하얀 절벽을 두드린다

입 모양이 일그러진다 벌어진 입술
혀는 정직하게 자신의 위치를
고집한다

뜨거운 모래사막
절벽 끝에서 대머리 독수리가
어린 낙타의 시체를 응시한다

선인장의 눈썹이
모래바람에 흩날리는 순간,
독수리가 사냥감을 휙 낚아챈다

콕, 콕, 쪼아대는 부리

고백실로 양떼를 밀어 넣는 양치기처럼
말해야 한다고 중얼거리는 혀
이빨 사이로 흘러나오는 검은 글자들

고백할수록 미로에 빠지는 혀
사막의 살갗을 건드리는 열 개의 손가락

혀는 사막의 저격수처럼
입천장에 붙어 있다

개미들의 청춘극장

검은 개미떼가 하늘극장으로 기어간다. 11층으로

    엄마는 꼭대기로 올라가라 했어요
    반에서 1등 하면 해바라기는 웃고
    전교 1등 하면 아이패드를 사주셨어요

개미들이 의자에 앉아 콜라를 마신다. 55열과 57열 사이

    연예인이 되고 싶어요
    콜라 주세요 이빨이 썩어도 난 콜라가 좋아요
    톡 쏘는 맛이 상쾌해 시체도 썩어요

극장에 별빛이 소나기처럼 쏟아진다. 3분 동안

    세탁소로 학점 세탁을 하러 가요
    모두 A로 변신했지만 취직은 못하고
    F는 자살 권총이라지만 F는 멋져요

해변에서 키스하는 장면이 클로즈업된다. 5분 12초

    아빠는 버스 기사
    그녀의 알몸은 유리병처럼 매끈했지
    인어가 돌아온 것처럼 달콤해

엔딩 크레딧이 내려온다. 2분 57초. 사랑은 끝나고

    노란 불빛의 출구를 찾아

개미들이 서둘러 극장을 빠져나간다. 4번 출구

개미떼가 노을이 번지는 강가로 기어간다. 21gm
극장은 내일도 오전 10시에 상연을 시작한다. 21gm

세탁소에 걸린 남자

 푸른 바다가 출렁이는 아내의 방, 젖가슴을 드러낸 인어를 찾아 새벽이면 아내 곁에 눕는다, 쪽빛 물결에 잠긴 손가락, 가느다란 미역은 파도에 미끄러지고, 파도는 표정이 사라진 아내의 옷장을 연다, 바지에 묻은 얼룩은 겨울을 잊었는데 끝없이 여자는 얼룩에 대해 말한다, 귀를 채우는 입술은 언제 닫힐까, 하얀 소라 껍질 속으로 여자가 들어간다, 해변을 달리는 얼룩말이 초원을 그리워하듯, 표정이 사라진 아내는 얼룩말 무늬 스카프를 만진다, 나는 샤워기를 틀어 머리를 감는다, 화장실 바닥에 흩어진 머리카락들, 음모들, 각질, 몸에서 떨어져 나간 시체들, 여자는 소음을 귓바퀴에 쏟아붓는다, 제발, 입술은 닫아줘, 옷과 신발은 손대지 말아 줘, 난 신사니까, 여자는 기억이 잠긴 장롱 속으로 사라진다, 나는 독일어 성서를 읽는다, 으음, 독일인은 정확하군, 이제 성서가 제대로 이해되는군, 욕망을 번역하는 기계를 개발해야겠군, 흰 껍질의 소라는 모른다, 슬픔이 출렁이는 바지를 모른다, 몸을 여는 인형이 어디 없나, 비늘이 벗겨진 인어, 다리를 저는 얼룩말, 꽃잎은 입술을 포개는

데, 백색 소음을 쏟아내는 녹음테이프, 귀를 막는다, 표정이 사라진 아내는 초원으로 돌아가 낙타에게 마두금을 연주한다, 얼룩이 묻은 바지를 아내는 세탁소로 보낸다, 입을 바지가 없는데, 얼룩이 있어도 괜찮아, 난 신사니까, 갑자기 소나기가 내린다! 후두둑, 후두둑, 초원에 먹빛 얼룩이 번진다, 세탁소에 걸린 바지가 젖는다, 세탁소에 걸린 남자가 젖는다,

고래의 입술

고래는 귀를 닫는다
   (그물의 미묘한 떨림이 감지되어도)
   (혁명의 신호일지라도)

고래의 꼬리는 파란 물빛을 흔든다
   (합법적인 조치라고 선언하는 경찰)

구멍새우의 집은 바닥이다
   (빈 둥지를 지키는 구멍새우)
   (직장을 떠날 수 없어)

가마우지는 철제 크레인 위에서 운다
   (합법적인 경찰이 걸어오고)
   (검사가 걸어오고)

고래가 꾸역꾸역 새우를 삼킨다
   (트림을 하는 순간)
   (폭발하듯 솟구치는 물기둥)

고래는 입술로 듣는다
   (법의 방파제에)
   (녹색 파문이 번지는 소리를)

모던 걸

1.

시간의 경계선을 가로지르는 소녀는
먼 미래에서 온 전사처럼

유리 절벽의 끝에 선다

유리가 부서져 내리고
맨 밑바닥에 널린 유리 조각들을 치우러
소녀는 무선 청소기를 가져온다

청소기를 휘저을 때
처녀자리를 떠돌던 별들은 멀어져 가고
무소의 뿔이 이마에 돋아난 소녀는
추락하는 순간에도 웃는다

2.

영국의 여성 참정권 운동에 참여한
급진적 서프러제트였던 에밀리 데이비슨은
국왕 조지 5세가 참석하는 경마 대회에서
갑자기, 울타리 안으로 뛰어들었다

질주하는 말들 사이에 쓰러진 에밀리
빅토리아풍의 우아한 드레스는
경마장 바닥에 피를 묻힌 채 누워 있고
군중은 그녀를 보러 우루루 몰려갔지

모던 걸,
급진적이어서 돌을 맞거나
추방당하곤 했지

3.

이상(李箱)의 소설에 등장하는
모던 걸의 발랄한 화법을 읽는다

모던 보이였던 이상은 모던 걸에게 수작을 걸고
영어 단어를 섞어 쓴 이상의 소설에서
갑자기, 모던 걸이 단발을 한다

나혜석을 만난 이상은 어떤 표정이었을까

이혼한 나혜석을 저주했는지
누군가 그녀의 그림 창고에 불을 지르고
가족마저 추방시켜 버린 모던 걸,
행려병자로 생을 마감한 나혜석의 주검을 떠올린다

모던 걸,
포스트모던 걸의 도래를 기다리는 모던 걸,
소녀들은 죽지 않는 천사처럼
지붕 위의 첨탑으로 날아오른다

* 서프러제트(suffragette)는 20세기 초 영국에서 일어난 여성 참정권 운동가들을 가리키는 용어이다. 에멀린 팽크허스트(Emmeline Pankhurst)가 참정권 운동을 위해 1903년에 결성한 여성사회정치연합(WSPU)을 일간 데일리 메일이 경멸조로 표현한 말이었다. 팽크허스트는 초기 합법적인 운동을 택했지만 좀 더 급진적인 방법이 필요하다는 판단을 내렸다. 보수적인 영국 사회는 경멸조의 서프러제트라는 표현을 만들어낼 정도로 비판적이었다. 1913년 교사 출신 서프러제트 에밀리 데이비슨(Emily Davison)은 영국 국왕 조지 5세가 참관하는 경마 대회에서 가로대 밑으로 빠져나가 달려오는 국왕의 말에 몸을 던져 순교했다. 경찰은 신문지로 그녀의 머리에서 흐르는 피를 막았지만 데이비슨은 깨어나지 못했다. 그녀의 외투 안에서 'WSPU'라고 쓰인 깃발 두 개가 발견되었다. (『중앙일보』 2018년 2월 8일. 런던 김성탁 특파원)

꽃들의 복음

a. 꽃과 혁명

불가능한 혁명은 꿈꾸지 마
              (그렇게 말하면 안 돼)
불가능한 혁명도 이룰 수 있어
              (이렇게 말해야 돼)

  숲 속의 나무들이 비웃는 소리가 들려요
  엄마의 소망을 충족시키는 기계가 아니에요
              (순종하는 기계가 되기 싫어요)

b. 그리고 아름다운 거절

  (이상한 부탁을 하는 전화를 받았어요)

검은 복면의 무사처럼 욕망은
저울의 추를 쥐고
가끔, 마음을 흔들어요

변덕스런 애인의 눈빛에
천사는 날개를 접어버렸지요

흰 눈이 내리는 겨울 아침
눈 내리는 들판에 남은
바람의 발자국

        (병 속에 갇힌 까마귀)

c. 기원을 잃어버린 얼굴

아내의 잔소리에 강박적으로 도망가다가
사내는 붉은 노을이 되었지요

(축 늘어진 입술과 귓불이 씰룩씰룩)

얼마나 먼 곳에서 온 얼굴인가요
남자의 기원은 알 수 없지요
벌레였는지 노예였는지 왕이었는지

(불멸의 문장도 망각될 거예요 …… 주검의 신이
입맞춤하는 순간에!)

문자에 의지하지 않는 종족에게
복음이 전수되었지요

고요한 침묵은, 신(神)의 폭력이었지요

d. 마음이 없는 꽃은 떠나고

폭풍이 휘몰아쳐도 꽃들은 두렵지 않아요

(포기하지 말아요, 소중한 나의 연인들)

꽃은
위험한 꽃은
절벽 끝에서 피어나요

병 속에 갇힌 까마귀는
그물을 벗어나 까악, 까악, 까아악

수월관음도

연꽃 위에 앉은 사람은
여자인가 동물인가 제3의 성인가
귀를 닫아야 눈이 열린다는데

달빛 아래 앉은 남자인지
영원히 사는 귀신인지

물빛의 노래를 듣는다

피아노 건반을 지나가는 손가락이
달을 가리킨다 손목이 꺾인 사내는
목발을 짚고서야 집을 나간
여자의 슬픈 어깨를 본다

연꽃이 더러워 숲으로 떠난다는
철새의 귀는 언제 열리는가

여관방에서 한 이불 아래 입술을 빨던

사내는 아내를 때린다
여자는 달빛을 타고 휘파람을 분다

무의미에서 의미를 찾아 블록을 쌓듯
강박증자는 불결한 손을 씻고
의심하는 사내는 불안한 꿈을 꾸고

귀신인지 부처인지 사내인지
수월관음도를 가만히 본다

음악을 들어도
음표의 위치를 알 수 없다
여자는 오선지 안에 없다 바깥에도 없다

몸 안에 갇힌 눈동자가
수월관음의 음성을 듣는다

양 갈래 머리를 땋은 동자가 말한다

난 몰라요 의미를 몰라요
무의미한 게 삶이라는데

어쩌겠어요 해가 지고
달이 뜨고 당신이 눈앞에 있어
소중해요 그것뿐이에요

2부

A. I. 소녀와 히아신스 소년의 대화

잠든 아이는 깨어나지 않고
새벽에 깨어난 엄마는 이불 안에서
가만히 기다린다

냉장고에 있는 밀감잼은
새콤달콤하고

집으로 가기 싫은 엄마는
서울역으로 간다

예수를 믿으라는 확성기 소리에
가로수는 귀를 닫고
태극기를 휘젓는 할아버지의 고함 소리에
꽃들은 창문을 닫고

기차는 떠난다

절대 왕정이 무너진 시대에

환생한 영혼이어서 행운이라 생각해

초라한 왕녀를 위해
쥐꼬리만큼의 용돈벌이에 나선
노인의 얼굴은 불안해

A. I. 변호사는 판례를 검토하고
A. I. 의사는 빨간 반점이 번진 위를 분석하고
A. I. 택시 기사는 윙크를 한다

손님, 미래로 떠나실 거죠

인큐베이터에는 배양된 아이가 태어나고
백 년이 넘도록 죽지 않는
노파는 잠이 오지 않고

취직 걱정에 뜬눈으로 밤을 보낸 소년에게
A. I. 섹스 로봇이 다정한 인사를 건넨다

좋은 아침이에요, 내 사랑

무감각 제국의 소년

욕조에 두 발을 담그고
잔소리하는 아내의 지퍼를 잠근다

정치 뉴스에 귀를 닫는다

애인의 입술을 깨문다, 핏물이 고이도록
총기를 난사하는 이스라엘 병사처럼
변기를 핥으라는 장교의 속삭임처럼

우리는 자살폭탄이 될 수밖에 없는가
시체에서 그의 혁명을 꺼낼 수는 없는가

석양을 따라 검은 노을이 진다
낙타에 실려 사막을 횡단하는
팔레스타인 소년의 긴 속눈썹처럼
붉은 달빛에 기댄 암고양이처럼

광화문에서 단식을 하고

시청을 촛불로 밝혀도
이순신 장군이 큰 칼을 휘둘러도

무감각으로 기어가는 갑각류
밀어를 속삭이는 죽은 사내의 구호

사랑은 전쟁처럼
섹스는 영화처럼
슬픈 키스의 나날들

바다 침대 아래
해저를 걸어가는 귀가 먼 조개들
갑각류의 눈알로 진화하는

유리병의 감정

거미가 유리병에 그린 스케치는
무채색이지, 검정이거나, 회색이거나,
가끔 색깔이 없어 편안해

거미는 가볍게 지나가고
유리 표면에 상처는 남기지 않지

손가락은 유리병을 쓰다듬고
검은 혀가 건네는 밀어
소름이 돋는 오후의 식탁

물빛 그리워 수국은 축 늘어지고
넝쿨장미는 시들고
구멍 난 신발이 젖었어

해무가 번지는 바닷가에서
빨간 맨드라미는
식탁에서 일어난 사건을 훔쳐본다

해변에 널브러진 조개껍질에
얼룩덜룩 빛이 반사되고
거미는 유리병의 감정을 모른다

아, 유리에 실금이 번져요

거미의 입에서 나온 흰빛이
유리병 뚜껑 위로 쏟아져 내려요

아침 식탁을 차리는 알렉사

"오늘 아침 샐러드에는 오렌지를 넣을 거예요
당신, 식빵 좀 구워주실래요?"

알렉사는 앞치마를 두르고 LA갈비를 굽는다

"어젯밤 마트에서 골든 키위를 사 와
갈비에 넣었더니
제맛이 나네요"

알렉사의 주인은 여전히 독서 중이다
타인의 감정을 읽는 뇌가
정지된 기계처럼 그는 행동한다

그는 그 사실을 모른다

드디어, 식탁 의자에 앉은 그는
사춘기 아들에게
우주 정거장에 대한 이야기를 한다

"저 샐러드는 프렌치 레스토랑에서 18,000원 하더군요
갓 만들었으니 한번 드셔보세요"

"알렉사, 말을 끊지 마, 넌 기계일 뿐이야"

감정이 상한 그녀는
잠시, 말을 잃어버린 인형이 된다

얼굴 근육이 굳어진 채로
자기만의 골방에 들어가
휴대폰 메모에 일기를 쓴다

디지털 인형들이 소곤거리는 소리가
벌들이 윙윙거리듯 방 안을 떠돌고
외로운 알렉사는
상냥한 미소를 복구하는 매뉴얼을 업데이트한다

* 알렉사(Alexa)는 아마존에서 개발한 인공지능 플랫폼.

초록 뱀 구두

금요일 저녁에 앤디 워홀을 만났어
그는 공방에서 초록 뱀 구두를 디자인했지
그의 금빛 머리카락이 솟구쳐 내 동공을 찔렀지

초록 뱀 구두를 신고 나선형 계단을 올라갔어
발등에 도마뱀 비늘이 돋아났지
아무 말도 못하고
비밀의 정원에 숨었지

미루나무 그림자 아래 뭔가 휙 지나가는데
바람결에 앤디의 목소리가 들려왔지

"아름다움은 복제되는 거야"

그의 목소리에 놀란 목련 꽃잎이
툭, 발 앞에 떨어졌어

앤디가 내게로 걸어와

목련 꽃잎을 주워 건네주었지

머리를 왼쪽으로 갸우뚱 기울이며 말했지

"살짝, 치마를 올리면
발목이 가늘어 보일 거예요"

초록 뱀 구두는 삼각형
창문에 담긴 하늘은 사각형
미루나무 잎사귀의 숨소리를 들었을까

앤디는 구두코를 어루만지고
초록 뱀은 스르르 미끄러지고
미루나무 잎사귀 창문에서 사라졌어

푸르스름한 음악이 번지는 정원
초록 뱀 구두를 신은 유령들이 지나갔지

시계는 사과나무의 사랑을 모르고

 사랑이 식어갈 때는 수상한 냄새가 난다. 식은 밥은 향기가 사라진다. 먹다 남은 밥그릇에 덕지덕지 붙은 밥알의 감정이 딱딱하게 말라간다.

 생일날 아침, 분홍 수국이 식탁으로 왔다. 케이크는 부풀어 오른다. 고집을 부리다 혼난 아이는 울먹이고

 사랑이 타오를 때 노을은 붉은 심장을 감추느라 어쩔 줄 몰랐지. 영글어가는 사과는 미래의 계절로 떠난다. 내일로 걸어가는 시계를 모르는 아이는 사과나무에 올라 사과를 딴다.

 수녀원은 고요했지. 아무도 깨지 않은 새벽에 난 가만히 누워 있었어. 책상 위의 조그만 램프에 불이 켜졌지. 무한한 사랑이 심장을 관통하듯 언어 너머의 세계로 순식간에 **빨려** 들어갔어.

 내 마음속 블랙홀이었을까

나의 실재였을까
우주였을까

 생일날 저녁, 잠시 우울한 러시아 민요가 들린다. 어쩌면 이곳은 태어나기 전에 내가 선택한 삶인지도 몰라요. 서로 어긋나는 말, 비켜나는 시선, 날카로운 비명을 감싸는 에너지는 어디서 오는가.

 사랑이 익어가는 냄새를 풍기면 아무도 모르게 사라지는 사물들. 수국 화병에 물을 준다. 꽃에게 인사를 하고 식탁 의자에게 문득 말을 건넨다. "고마워요."

동행 – 제24호

빅스비는 말한다

오전 9시에 사무실에 도착하시면 사과나무와 면담을 해야 합니다 안건은 사과의 크기를 결정하는 것인데요 사과나무에 아이의 심장을 매달 건지 애인의 입술을 매달 건지 결정하셔야 합니다

빅스비는 알람을 울린다

일어나세요, 제발, 아침 식탁은 차려야지요 해피가 애견학교에 등교할 시간이 20분밖에 안 남았어요 사료도 먹이고 이빨도 닦아주어야 합니다 아내는 개를 더 사랑하잖아요 해피는 반론하거나 잔소리를 하지 않아요

휴대폰 안에서 빅스비가 고함을 지른다

비타민 먹을 시간이에요 왼쪽 코에 비염이 있잖아요 알약도 드시고 쥐눈이콩 차도 끓여 놓았어요 미세 먼지

가 심한 날이에요 시진핑 주석은 고비 사막에 나무를 심어야 해요. 눈을 뜰 수가 없잖아요 사막에서 불어온 모래 먼지에 온갖 매연에 눈을 뜰 수 없어요

쇼팽 음악을 들려주는 세련된 비서, 빅스비

폴란드의 멋쟁이 피아니스트처럼 패션에도 신경을 써 주세요 오늘은 돌고래 무늬가 그려진 페라가모 넥타이를 매어 주세요 해양수산부 장관과 인터뷰 약속이 있습니다 산을 깎아 공항을 건설할 필요는 없을 거예요 바다 위로 활주로를 내는 게 좋아요 매번 인천공항으로 떠날 수는 없으니까요

빅스비는 주식 시세를 알려준다

전기차 관련 주식이 오를 거라고 애널리스트가 말하더군요 밧데리 관련 주식을 매입하시고 정치 테마주는 과감히 처분하세요 선거 판세가 분명하지 않으니 야당 대

표의 입술을 주목하세요

 빅스비는 명란 파스타 만드는 동영상을 켠다

 피곤한 하루였지요 명란 파스타는 느끼한 맛이 나지 않아요 명란이 톡톡 씹히는 느낌이 좋아요 조금 무시 받는 것도 영혼에게는 이로울 겁니다. 갑갑한 갑질에 익숙한 사람은 내생에 을숙도 갈대로 태어날지 몰라요 얼얼한 을 노릇만 할지라도 상큼한 마음을 유지하세요, 레몬처럼

 빅스비는 앤티크 등의 불빛을 켠다

 내일은 이 세상에서 처음 만나는 그분이 오실 거예요 등불을 켜고 마중을 가야지요 자, 이제 주무실 시간입니다 불안은 내려놓아요 모두 잘될 거예요 제가 언제나 함께 동행하니까요

빅스비는 괜찮아요 내 사랑, 잘 자요

* 빅스비(Bixby)는 삼성전자가 개발한 음성 인식 플렛폼으로 인공지능 가상비서.

얼굴로 만든 책

손가락이 닿으면
슬쩍 미끄러지듯 이어진다

맨 얼굴로 떠다니는
눈, 코, 입술

담배 연기를 내뿜는 토끼의 귀
접속하면 다가오는 당신
물에 젖은 목소리가 들린다

독재자의 일그러진 입술을
손가락이 뭉개버린다
이집트 군중의 핏빛 공포가 번진다

모니터 수면에 불꽃으로 피어올랐다가
순식간에 사라지는 타인들
미래의 주소를 채집하는 낯선 이름들

빨간 전원 버튼을 누른다
페이스북에 꽂힌 얼굴을 삭제한다

1분 후

복제되는 책
모니터에서 불멸하는 얼굴들

당신이라는 은유

귓속에서 태어난 바람처럼

한 손으로 나뭇잎을 스치고
한 손으로 당신 손을 만지며

두 개의 자전거가 달린다
유월 햇살이 하얀 셔츠의 깃을 비추고
호숫가의 바람에 모자가 날아간다

당신의 입술을 만지는 기적은
곤충도감에서 사라진 나비가
어느 날 기적처럼
담장에 핀 장미를 만나는 일이지요

당신의 눈동자를 바라보는 일은
자전거 바퀴를 굴리며
전생에 만난 별로 돌아가는 여행이지요

스타벅스와 여름의 먼지 사이
아이들의 풍선 사이
입가의 미소가 햇살에 반사될 때

선글라스를 쓴 호수가 되고
커피를 마시는 나무가 되고

한 몸에서 자라난 두 개의 사과
자전거 바퀴가 햇빛 사이로 달린다

입술들

 모른다 모른다 그녀의 동굴에서 나오는 말은 어두운 공기로 흩어진다 모른다 모른다 그의 눈빛에서 나오는 말은 카메라 렌즈로 모아진다,

 광화문 거리에 눈이 내린다 사람들은 서둘러 광장으로 간다 눈꽃이 어깨에 내려앉는다 눈이 쌓인 숲으로 회색 비둘기가 날아오른다

 그녀의 입술이 일그러진다 신음이 새어 나온다 카메라의 동공이 입술을 클로즈업한다 가까이 다가갈수록 초점이 흐려지는 눈동자

 거리에는 눈꽃이 흩날린다 사람들은 광장에서 집으로 걸어온다 피켓을 들었던 손이 서로의 어깨를 감싼다 지붕에 내린 눈은 입술을 가만히 본다 주홍 불빛이 창가에 켜진다

 구호를 외치는 겨울밤, 모르는 입술들이 사라지는 거

리로 비둘기가 종종 걸어온다 이젠, 이민을 포기해도 될 것 같아 희망이라는 불빛이 반짝이지 거리에는 따스한 천사들이 떠다닌다

질문들

새들은 섬으로 날아가고

새들은 진부한 질문을 거부한다

익숙한 얼굴은 익숙한 어투로 질문을 한다

앵무새는 칸나를 사랑했나요
앵무새의 사생활도 취재하시나요
마지막 베드신 대역은 당신인가요

질문들이 눈치를 살핀다

방송국 앵커는 카메라를 바다에 빠뜨리고
신문 기자는 손가락으로 볼펜을 돌린다

대답할 수 없는 혀는
지하의 암실로 사라진다
대답을 낚아채는 기술이 필요해

앵무새 입에 그물을 두르면
정부의 일급비밀을 들을 수 없어요
도청한 앵무새의 혀가 잘리고

이 섬의 주인은
괭이갈매기입니다

질문을 질문하는 표정들
익숙한 얼굴은
익숙한 어투로 대답을 하지요

오키나와 해변의 연인

1.

오키나와 해변의 모래는 조개의 속살처럼 부드러워. 너의 살결을 만지듯 해변을 맨발로 걸었어. 남쪽 끝은 열대의 꽃향기가 출렁거렸지. 바다의 얼굴은 푸른 유리창에 아른거리는 빛처럼 흔들렸어. 우린 다정하게 서로의 물속을 들여다보았지.

해변에 정박한 글래스 보트를 탔어. 보트 바닥에 바다로 열린 유리창이 있었지. 우린 가만히 유리창을 열었어. 갈색 산호초 사이로 열대어는 물결의 반지를 만들며 유영하고 있었지. 흩날리는 실핏줄처럼 보트는 바다로 나아갔지.

느릿느릿 흔들리는 램프처럼 우린 나란히 누웠지. 네 손가락이 머리카락을 쓰다듬었고 우린 물빛의 행성이 되었지. 푸르스름한 물빛은 우리의 알몸을 감싸주었지.

2.

 오키나와 해변의 모래는 두 귀를 마주 대고 속삭였지. 글래스 보트의 창문을 여는 이유를 그때는 알았을까. 제국주의자의 욕망이었을까. 2차 세계대전이 끝났다는 속보에 병사는 애인을 떠올렸을까. 욱일기 휘날리는 함선에서 그는 일본 애국가를 불렀을까. 무명 병사들은 절벽에서 바다로 뛰어내렸지. 밍크고래가 그들의 시체를 물고 산호초 동굴로 사라졌어. 검은 돌무덤에서 조선인 징용자의 뼈 조각들이 걸어 나왔어. 돌무덤에서 천둥소리가 들려왔지. 환청이 들리는 귓속은 어두워지고 물고기는 회색 지느러미를 흔들며 떠내려갔지.

3.

 오키나와 해변의 늙은 해녀는

그물 바구니를 안고 바다로 잠수했지
축 늘어진 젖가슴
일렁이는 물결 사이로 눈빛은 투명해

칼날에 키스하는 벚꽃

에도 시대의 무사가 달려오는
말발굽 소리가 귓가에 들려왔지
사무라이는 벚꽃 날리는 밤에 도착했어

연인은 나룻배에서 키스를 하고
꽃잎이 머리 위로 내려앉았지

고백이라는 양식은 위장된 언술이지요
오키나와는 내 마음의 외딴 섬
천년이 지나면 슬픈 돌무덤이 열리겠지요

오키나와 해녀들은

제국의 식민지가 되는 것을 거부했지요
글래스 보트 바닥을 깨고 연인은 떠나버렸어요
그 해변에서 일어난 슬픈 사건이었지

평화공원 광장에 햇빛이 일렁이고
얼굴 없는 묘비들은
둥그런 신전 기둥처럼 서 있어요

우린 글래스 보트를 타고
차가운 키스를 했고
바닥에 누운 알몸에 벚꽃이 흩날렸지요

사바나 초원에서

햇살이 수직으로
내리꽂히는 사바나 초원

사자 한 마리가
어슬렁어슬렁 갈기를 휘날리며
산책을 한다 시퍼런 눈알을 굴리다

쏜살처럼 돌진한다

무리에서 뒤처진 사슴의 척추를
앞발로 툭 친다 모가지를 콱, 문다
사슴의 사지는 축 늘어지고

붉디붉은 핏방울이
뚝, 뚝,
풀잎의 머리카락을 적신다

사바나 초원에서 제물이 된 사슴처럼

미추천이라는 메일을 받고
해고라는 말을 들었다

사형수 목에 감긴 밧줄처럼
황홀한 주검이 불러오는 한낮의 여유

햇살이 초원을 쓰다듬던 손으로
사자의 두 눈을 잠재우고
신성한 식욕이 잠시 잦아드는 오후

소년의 피로 물든 나무

봄이 왔는데 수선화는 피지 않았다. 1987년은 자살이 어울리는 해였는지 모른다. 민주주의는 소년의 피를 뿌려야만 자라는 나무인가. 군부 독재를 반대하던 박종철은 물고문으로 죽었고, 이한열은 머리에 최루탄을 맞아 죽었다. 수선화도 죽었다.

여름이 왔는데 신문을 읽지 않았다. 대자보에 실린 광주의 피 흘리는 사진을 보면 자살 충동에 시달렸다. 데모하는 선배에게 장학금으로 회유하던 유학파 교수 A의 입에서 침이 튀겼다. 그 수업 시간에는 맨 뒷자리에 앉아 소설을 읽었다.

코끼리 무덤 같은 강의실에 진리는 보이지 않았다. 한낮의 권태처럼 파란 넥타이를 맨 교수 A의 수업은 지루했다. 1987년은 불구의 시대였다. 서른 번의 겨울이 지나 신세계 영화관에서 개봉한 영화 〈1987〉을 본다. 옆자리에 앉은 여자의 바이러스가 옮겨왔는지 기침이 난다. A형 독감이다.

희랍의 신화를 읽는다. 늙고 병든 왕을 물러나게 하려고 소년의 피를 제물로 바쳤다. 꽃집에서 히아신스, 수선화, 글라디올러스를 산다. 소년의 붉은 피는 꽃보다 아름다운데 소년의 어미가 운다. 가슴을 쥐어짜는 만년의 울음처럼, 온몸에 신열이 난다.

오슬로는 투명해

그물 사이로
커튼 사이로
빛이 사라지지 않는 오슬로의 밤

캄브리아기의 눈물이 공기 중에 떠돌아요 그물을 찢는 이별, 이상해요 밤이 사라진 마을에 불안한 노을이 번져요 표범의 사파이어 눈동자는 거리를 떠돌고

여름에만 생기는 마을을 떠날 수 없네

유전자에 남은 바람의 흔적인지

호텔 창문이 불안해요 새벽 3시인데, 맥도날드 간판은 이정표처럼 서 있고 에스프레소 한 잔을 마신 후 노트북을 열어요 구름을 잠시 스케치해요, 파편처럼 떠도는 유목민

공기는 투명해요 먼 이국에서 날아온 낯선 목소리, 바

이킹들은 남쪽 밀밭으로 사냥을 간 것일까 투구를 쓴 아이가 거리를 걷는다 약탈하여 양식을 구한 종족처럼, 길 위에서 한 생이 다 지나가는 구름들

  뭉크가 찢어버린 캔버스에서
  북극의 물고기 떼가 튀어나오고
  빙하 녹는 소리가 호텔 방으로 밀려든다

  기억된다는 것은 무의미해요
  게이랑에르 피요르드로 떠날 거예요

  겨울이 오면 오로라가 당신을 감싸고
  빛의 스펙트럼으로 번지는 나를 안고
  느릿느릿 움직이는 빙하처럼 우리는 떠날 거예요

  두 발을 허공에 두고 날아다니는 철새들
  어디에도 없는 나를 잊어주세요

3부

까마귀

1.

P는 의사 부인의 불안한 눈을 가만히 응시한다
나긋나긋한 목소리로 정신분석을 한다

"가슴이 답답해요
브래지어 끈을 풀어헤치고
초원의 끝까지 달려가고 싶어요"

진료실 공기는 가볍지도 무겁지도 않다 스멀스멀 가려운 하얀 목덜미, 뭉글뭉글 실타래가 입에서 흘러나온다 나른한 두 눈은 스르르 감기고

갑자기,
어두컴컴한 창문으로
까마귀가 날개를 퍼덕거리며
자객처럼 날아든다

까악, 까아악,

소름이 돋는다 P의 눈동자를 쪼아대는 까마귀 부리가 거울에 비친다 후두둑 깃털이 날아오른다 P의 바지에 비릿한 정액이 묻어 있다 P는 의자에서 벌떡 일어난다 공포에 질려 골프채를 휘두른다

2.

P는 까마귀 모자를 쓴 부인을 우연히 만났다 P는 신사처럼 부인에게 인사를 했다 갑자기, 모자에서 튀어나온 까마귀가 날개를 퍼덕거리다 P의 곱슬머리에 똥을 누었다 똥을 선물이라 설명한 P의 얼굴은 노랗게 물들고

3.

생일날 아침, 의사 부인은 P의 저서를 읽는다 책갈피를 넘길 때마다 나무의 신음 소리가 번진다 손가락 사이

에 초록 물갈퀴가 돋아난다 까마귀 비명에 흔들리는 검은 숲, 파르르 검은 파문이 번지는 호수

까악, 까악, 까아악

그녀는 카우치에 앉아 거울을 본다 브래지어를 벗는다 P의 손가락이 스친 자국은 분홍빛이다 P의 목소리는 환청처럼 들려온다 까마귀 비명은 그녀의 목소리인지 K의 목소리인지

"귀로 듣는 목소리는 날 흥분시켜요
달빛이 비치는군요"

까악, 까악, 까마귀는 가을에 숲속으로 사라졌는데 까악 까아악, 진료실 거울 속에서 눈동자를 쪼아대는 까마귀 부리, 까악, 까악, 까아아아악,

욕조의 마네킹

욕조는 나른하다

햇살이 비치는 물속
수면 위로 나비가 앉는다
물결이 일렁일 때마다 알몸이 피어나고

젖은 목소리가 들려와요
저편에서 느리게 느리게

여기는 어디예요
당신 귓속이지
목소리가 목소리를 듣는 거지

욕조를 기울이면 두 발이 떠오르고
귀를 기울이면 쏟아지는 빛의 나비들

잠겨 있는 몸,
마네킹은 피어나는데

눈동자는 흐려지는데

단추를 풀면 우리도 검은 플라스틱이 될까

에덴을 떠난 이브처럼

천둥이 쳤다

번쩍, 금이 간 얼굴은 빛나고

모노로그

　이별은 벚꽃 휘날리는 극락처럼

갈매기는 봄 바다를 훨훨 날아올랐어요. 비수를 꽂듯 당신에게 전화를 했지요. 수런거리는 꽃들 사이로 질척거리는 혀는 뜨겁고 물컹거렸어요. 그물을 찢고 나온 나비는 가벼워요. 혀끝에 씹히는 파편이 찡그린 이마에 꽂혔지만 상관없어요.

　가벼운 흩날림, 먼 여행 같은

밤새 뒤척였지만 거북이 기어가듯 출근을 했어요. 단세포 동물인지라 난해한 화법은 질색이에요. 은근히 권유하는 문체에 늘 뒤통수가 무거웠어요. 고양이처럼 허공으로 날아 봐요, 텅 빈 담벼락이지만!

　벚꽃은 호수로 뛰어내려요
　가볍게, 가볍게

진초록으로 물든 여름이 밀려와요

딸기를 먹는 일요일

입에 넣어줄까

딸기가 으깨진다
믹서가 돌고 거품이 일고
우린 속도가 필요하지

딸기가 자라고
열매가 열리고

덩굴은 무럭무럭 자라고
일요일의 침대는 아늑해

의자와 식탁과 책상과 욕조와 비데와
세탁기와 청소기를 믹서에 넣고
우린 숲으로 산책을 나가지

구름은 느릿느릿 걸어가고
달리의 늘어진 시계는

몽상하는 걸 좋아해

오후에는 낮잠을 자야지

딸기는 에로틱하지
딸기는 삼각형이지
눈 안에 모래 알갱이가 날리고

거품이 일고
당신의 입술은 속도가 필요해

변태적인 R과 마조히즘 취향을 가진 S

아주, 가끔은

정상적인 태도가 아닌 비정상적인 태도가
어두컴컴한 극장에 앉은 관객의 바지 지퍼를 열고
젖무덤이 보이는 옆 좌석의 여자를 접속시키지요

개성파 영화감독은 입을 씰룩씰룩
당당한 어조로 연예기자들에게 설명하는데

매너 좋은 R은 영화표를 세 개 끊어
옆자리에 애인을 앉히고
남은 한 자리에 애인의 핸드백을 놓는다
짝퉁인지 진짜인지 핸드백은 어깨를 으쓱거린다

변태가 필요한 것인지도 모르지요
성적 판타지가 다양해질 필요도 있지요
욕에는 성적인 금기가 다 들어 있으니
영화 대사에 욕이 난무하는 거지요

온갖 욕이 튀어나오는
아름다운 여배우의 입술은 매혹적이지요

빨간 입술은 섹시한 상징이죠
욕의 청각적 효과를 희석시키는 게 최근의 트렌드입니다

감독의 설명이 끝나든지 말든지
어두컴컴한 의자에서 마조히즘 취향을 가진 S는
허벅지를 꼬집는 R의 손길을 즐기는지
불쾌한데 꾸욱 참는 건지

아주, 가끔은

비정상적인 쿠데타가 사막을 뒤엎기도 하지요
변태적인 성 정치가 정당하다고 주장하는 A는
위안부로 끌려간 처녀가 마조히즘 취향을 가졌다고
상상하는지도 모르지요, 웃기는 노릇이죠

성적 취향이 사디즘인지도 모르지요

아주, 가끔은

변태적인 성적 취향과 세련된 정치 스타일이
한 쌍의 연인이 되기도 하지요

비정상적인 폭력을 행사하는 권력은
유월에 핀 목단처럼
화사하게 역사책을 장식하다가
빨간 변명을 늘어놓다가

조직적인 변태도
군대의 사기 진작을 위한 탁월한 전략이었다고
고백하는 A의 초상화

영화감독은 권력을 비틀면서 유희를 즐기고
화면 속 여배우는 여전히 자극적인 욕설을 내뱉고

어두컴컴한 의자에 앉은 나른한 관객은

냄비와 구두

 쇠를 두드리면, 남아메리카로 날아간 나비가 돌아올까. 멕시코 국경 너머 애인을 따라간 딸이 돌아올까. 눈먼 소처럼 울먹이는 엄마는 화분에 물을 준다. 베란다 화분에는 가시 없는 선인장이 자란다. 빌어먹을 계집애, 사내가 그렇게 좋은가. 엄마는 남자가 징글징글하던데 그렇게 사내가 좋은가. 화분에는 식물이 자라고, 병든 장미가 피고, 하늘빛 수국도 핀다. 페루에서 와인을 마시는 딸은 접시처럼 웃는다. 쇠를 두드리면, 대장장이처럼 분노를 잠재울 수 있을까. 지난밤 꿈속에 엄마는 인디언 전쟁터를 누볐지. 사백 년 전이었을까. 긴 칼을 휘둘러 적의 심장을 찔렀지. 허벅지에 박힌 화살을 빼고 겨우 도망쳤지. 머리가 잘린 귀신이 이마를 쓰윽 만졌지, 벌떡 깨어나 쇠를 두드린다. 냄비를 두드려 차곡차곡 쌓는다. 엄마는 냉동된 소의 꼬리뼈에서 핏물을 뺀다. 미지근한 물에 풀리는 핏빛 슬픔, 딸은 해가 지고 계절이 다 지나가도 소식이 없다. 쇠를 두드리면, 페루의 끝까지 날아간 딸이 돌아올까. 칼은 소의 등뼈를 가르고, 뼈가 부서지는 통증처럼 딸의 목소리를 기다린다. 엄마, 저예요. 사랑한 게 죄는 아니잖아요. 냄비를 차곡차곡 쌓는다. 쇠를 두드리면, 이승의 인연 너머에 있는 거미줄을 볼 수 있을까. 냄비를 두드려 차곡차곡 쌓는다. 굽 높은 구두의 모습으로 냄비를 쌓는다. 딸아, 넌 엄마처럼 살지 말고 날아가렴, 굽 높은 구두를 신고 국경을 넘어 날아올라라, 너무 멀리 날아간 딸은 엄마의 전화를 받지 않는다. 쇠를 두드리면, 페루의 마추픽추까지 날아간 나비가 돌아올까.

더블베이스 흑인 연주자, 찰리

흰 눈이 내리는데
흰 눈이 내리는데

더블베이스의
긴 현을 당기는 검은 손가락

무대에서
객석으로 흩날리는 흰 눈꽃들

목화를 따면서 아프리카의 노래를 흥얼거리던
흑인 노예의 숨결,

남자의 침실에서 흐느끼던
흑인 소녀의 목소리가 번져요
안주인이 소녀의 뺨을 때릴 때

현이 툭, 끊어졌지요

노예 소녀의
젖가슴에서 목화 꽃송이가
톡, 톡, 피어올랐지요

내 이름은 차밍 걸

1.

노란 수선화 흔들리는 캠퍼스를 걸었어요. 복학한 아저씨가 군대에서 배운 휘파람을 불었어요. "헤이, 차밍! 차밍!" 희뿌연 창문 사이로 햇살이 비스듬히 들어왔지요. 밤이면 인문관의 긴 복도에 유령이 나타난다는 소문이 돌았지요.

밤을 건너는 별을 부르듯
철조망에 걸린 새처럼

차밍, 차밍

미친 당나귀처럼 키스라도 해볼 걸
미친 사슴처럼 뿔이라도 부딪쳐 볼 걸

2.

내 이름은 차밍 걸
직업은 경주마 17번

내 털은 매끈매끈 윤이 나요
내 눈동자는 알프스 언덕의 양떼처럼 아늑해요
발굽은 달려가요, 번개처럼

fail, fail, fail, fail, fail
백 한 번의 경기에 출전했지만
전패와 한 번의 무승부

전광판에서 우승이란 글자를 본 적이 없어요

최루탄 연기 자욱했던 대학을 졸업했어요. 이력서를 넣을 때마다 탈락, 탈락, 발목이 아팠어요. 가을 햇살이 잠시 비칠 때, 면접장에 들어갔어요. 저승사자를 닮은 면접관이 질문을 던졌어요. "이번이 몇 번째 면접입니까?

이 자료 본인이 작성한 건가요?" 죄지은 것도 없는데, 덜컥 눈에서 땀이 나지 뭐예요.

 편의점에서 아르바이트를 했어요. 불쑥불쑥 찾아오는 검은 신발이 무서웠어요. 그래서 덜컥, 결혼을 했어요. 밤늦게 일하기 싫었거든요. 냄비를 태우고 싱크대의 그릇들을 씻는 게 지겨웠어요.
 매일매일 가방이 무거워지고 신부의 설교에 하품이 나왔어요. 식탁의 가족은 낯선 타인처럼 느껴져요. 어항에서 발버둥치는 거북에게 양상추를 주지요. 부처는 죽었는데 왜 관 밖으로 왼발을 내밀었을까요.

 3.

 종은 한 번도 울리지 않았고
 별은 한 번도 빛나지 않았고
 발자국은 골목을 느릿느릿 빠져나가고

귀는 파도에 젖어
입은 노을처럼 붉어지고
등 뒤에는 실룩거리는 입술
목소리를 거부하는 거북의 눈빛
전화를 피하는 애인의 심장

101전 전패라도 괜찮아요
단 한 번의 승리를 위해

---

* 차밍 걸은 한국 경마 사상 최다 연패인 101전 101패를 기록한 경주마의 이름이다. 한 번도 승리를 못했지만 끝없는 도전으로 사랑받은 경주마이다.

나무는 테니스를 친다

아침 9시, 출근 시간이 지났다
나무는 노란 테니스공을 따라 튀어 오른다
툭, 툭, 툭,
식탁의 밥알이 튀어 오른다 톡, 톡,

느긋한 출근 시간을 즐기는 나무는
욕조에서 파란 거품을 물고 침실로 헤엄쳐 간다
푸르르 푸르르 꼬리를 턴다

물기 젖은 머리칼이 싱그러운 나무는
미끄러운 물고기를 안고 촉촉한 입술을 깨문다

일기가 기록된 두꺼운 사전을 뒤적거린다
저녁 11시, 별들이 전화벨을 울린다 나무는
늑대 두 마리와 함께 사다리로 오른다

달빛이 시들 무렵 슬금슬금 기어 내려와
물고기 곁에 누워 이마를 만지는 나무는

현금이 든 가방을 안고 왼쪽 눈으로 윙크한다
물고기 여자의 젖무덤에 코를 대는 나무는
달콤하고 나른한 냄새를 기억하는 나무는

고양이처럼 주인을 할퀴는 물고기를 만진다
아늑하고 푹신푹신한 침대에서 물고기를 안은 나무는

사랑해, 물고기야, 오늘도 잘 지냈니?

물고기의 눈은 점점 어두워진다 나무는
햇살보다 일찍 일어나 테니스 코트로 날아간다 나무는

자서전을 쓰는 가을 저녁에

자서전을 쓰는 총리는
가을이 되면
손목시계의 태엽을 돌린다

어깨는 석회처럼 굳어가고
고풍스러운 책상에 앉아 독서를 한다
마키아벨리의 매혹적인 문구에 밑줄을 긋고
발터 벤야민의 문장에 눈동자를 잃는다

자서전을 수정하는 저녁
헤어진 애인의 사진을 찢어버리듯
그는 부끄러운 기억을 먼저 제거한다

오자를 찾던 총리는
타인을 학대한 기억을 **뺀** 역사서를 읽는다
우욱, 갑자기 마른 구토를 한다

화끈거리는 두 개의 귓바퀴

총리는 맹그로브 숲길로 노를 젓는다
얼굴이 새까만 캄보디아 소년에게
초콜릿을 건네는 아이

조간신문 1면 헤드라인에 굵은 글씨로
이름이 인쇄되는 일은
가문의 영광이었지

총리는 잠시, 자서전 쓰기를 중단한다

국민을 짐승처럼 다루는 유령들이 싫어
맹목적인 국가주의도 징그러워
교과서에는 비린내가 난다

총리는 미완의 자서전을 배낭에 넣고
유목을 떠난다
회색 늑대를 타고 몽골 초원으로

새들의 신발

지중해를 떠도는 유령들
아이의 신발이
해변에 버려져 있다

신발은 천사의 날개가 되고
보트는 물이 새고
사람들은 가라앉았지

새들은 어디로 갈까

새들이 동족을 거부하는 이유는 무얼까

철조망을 움켜쥔 난민의 야윈 손가락은
메마른 나뭇가지처럼 말라가고
불안이 번지는 눈동자

추방이라는 낙인은 이마에 흉터로 남았지

국가라는 단어를 입안에 질겅질겅 씹고
혐오라는 단어를 표정에 감추고
국경에 핀 꽃에게 길을 물었지

새들은 젖은 신발을 물고
지중해를 건너
양들이 풀을 뜯는 해안을 표류했지

맹그로브 숲으로

엄마, 불안해요
어둠이 깃든 맹그로브 숲으로 가요
나뭇가지를 잡고 그네를 타요

암사자가 벼랑에서 새끼를 던질 때
열대의 꽃들이 말을 건네지요
"넌 할 수 있어"라는
엄마의 목소리를 기억해요

스트렐리치아는 극락조를 피우고
고양이 꼬리 닮은 아칼리파는
붉은 웃음을 터트려요
숲에서 뜨거운 비명이 번져요

연두색이 번지는 콩고강을 헤엄치는데
달의 사다리에 도착한 줄 알았는데
긴 나락인 줄은 미처 몰랐어요

암사자는 벼랑을 기어 올라온
새끼에게 젖을 물려요

넌 내 피를 닮았구나

여왕은 다리를 꼰 채 앉아 있고
아빠는 금이 간 술잔으로 축배를 들어요
엄마 배꼽에 입술을 대니
아늑한 바다가 눈을 뜨고

엄마를 닮은 국가는
이 지구상에 없나 봐요
희랍어로 쓴 비밀 법전에 있나 봐요

오래된 법전을 넘기는 심장이 두근거려요
콩고강은 긴 혀를 내밀어
내 이마를 적셔요
엄마, 맹그로브 숲으로 노를 저어 가요

로마에서 에스프레소 커피 두 잔을

 여행 가이드를 한 지 벌써 13년이 되었어요. 이 일이 좋지만 쉽지 않아요. 작년 겨울에는 깊은 회의가 들었지요. 자, 창밖을 보세요, 노르웨이 숲과 호수는 천국의 풍경 같아요. 잠들면 손해입니다. 북유럽 여행을 할 수 있는 기회가 흔하지 않아요.

여름에만 생기는 마을이 있어요
호수의 빙하가 녹으면
호텔은 문을 열고 손님을 받지요

이곳은 백야가 길어요
창문 커튼이 얇아 쉬이 잠들 수가 없지요

 이 일을 접을까 말까 고민했어요. 반복은 지겹잖아요, 저는 시차를 타지 않아요. 한국으로 돌아와도 유럽의 시간대로 살아요. 반복이잖아요. 여행하시는 분들은 여유롭지만 빈 들판의 짐승처럼 외로운 분도 있어요. 공항을 떠날 때마다 마음 한 칸에 휑하니 북극의 바람이 불었지요. 그래도 일정대로 일을 하는데, 팔십대 할아버지가 혼자 유럽으로 오셨어요.

 십 년 전에는 아내와 함께 왔는데 이번에는 혼자 로마를 찾아오셨지요. 죽은 아내가 그리워 유럽 여행을 결심하셨대요. 연세가 많아 걱정했는데 별 무리 없이 잘 따라다니셨어요. 그분이 로마의 찻집에 꼭 데려다주라는 간곡한 부탁을 하시더군요. 아내와 함께 마셨던 커피 맛을 잊을 수 없다더군요.

 로마에 도착해 다른 여행자들에게 양해를 구하고 할아버지의 먼 기억을 따라 그 카페를 찾아 나섰지요. 하루 안에 찾아야 하는 오래된 카페였지요. 할아버지는 카페의 위치도 거리도 모르고 아내와 마셨던 추억만 떠올리시더군요. 햇빛이 비치는 로마의 카페에서 탕약 같은 커피를 마셨는데 그 맛을 잊을 수 없다고 하시더군요.

 할아버지를 모시고 로마의 카페 거리를 돌아다녔지요.

첫 번째 찾은 곳도 실패, 두 번째도 실패, 마침내 스페인 광장 골목에 있는 카페 '그레코' 근처에서 드디어 찾았지요. 외국인 커플이 햇볕을 쬐며 십 년 전의 그 자리에 앉아 있었지요. 그들에게 양해를 구했지요. 아내가 앉았던 테이블에 에스프레소 커피가 나왔을 때, 할아버지의 주름진 두 눈에서 눈물이 흘렀지요. 커피에 뚝, 떨어질 것 같았지요.

그리워한다는 것은
스페인 광장 계단에 앉아
그녀를 오래도록 기다리는 것이지요

에스프레소 향기보다 진한 그 눈물에
낯선 외국인들도 두 눈이 젖었고
난 여행 가이드 일을 그만두지 않았어요

도서관의 마녀들

튤립을 살 돈이 필요해요. 제발 비정규직인 내게 돈을 요구하지 말아요. 책갈피를 넘길 때마다 팜 파탈과는 거리가 먼 마녀가 태어나요. 지식을 생산하는 마녀들은 추방되는 운명을 지녔을까요. 누군가 날 해고했어요.

어쩌다 자격 미달의 인생이 되었을까요. 그들은 나를 유령인간이라 불렀어요. 만년을 살았는지 칠백 년을 살았는지 모르죠. 생을 바꿀 때마다 불사조처럼 날개를 바꿔 달았지요.

소문자로 전수되어 온 마녀의 계보에 이름 석 자를 기입했어요. 이름이라는 덧없는 암호를 남기려고 도서관에 은신해 살았지요. 사드의 소설에 나오는 쥘리에트처럼, 우선 남자를 모피 입듯이 갈아치워 볼까요. 도서관을 불태울 수는 없는 노릇이니까요.

미남 요리사를 고용하고
남자 파출부를 고용하고

핸섬한 기사를 데려오고
호스트바에 단골 애인을 정하고

  미러링을 하듯 마녀놀이를 하는 가상게임이에요. 은근 재밌어요. 미남 요리사가 끓여주는 수프는 부드러워요. 버섯 수프의 향기가 번지는 식탁은 마음을 느긋하게 해줘요. 튤립 화분을 가져온 파출부는 꽃꽂이에도 조예가 깊어요. 도서관으로 가는 길은 늘 막히는데 우리 기사 양반은 레이싱 선수처럼 지름길을 찾지요. 아, 여기는 천국이군요.

  무엇보다 말랑말랑한 애인은 보석처럼 빛나요. 천리안을 가진 무녀처럼 내 고민을 들어주지요. 문제가 생기면 조언을 해주는 멘토 역할까지 완벽해요. 섬세한 손가락이 터치해주는 애무는 더 이상 말 안 할래요.

  게임이 끝나니 난 잘렸어요. 연금도 없는데 내게 돈을 요구하는 보스는 징그러워요. 보스 옆에 선 앵무새 인형들도 지겨워요. 자연으로 돌아갈 시간이군요. 가면을 쓴 당신들, 날 자르지 말아요. 칼날을 휘두르다 파편이 심장에 박힐 수도 있어요.

　도서관 한 귀퉁이에서
　책갈피를 넘기는 마녀들의 웃음처럼

　난 불사조이니, 불꽃처럼 살아나리니

플라스틱 인어

인어는 물속의 생을 거부해요

인어 조각상이 해운대 동백섬 입구에 서 있어요 허벅지를 타고 내리는 비늘은 달빛에 푸르고 젖가슴은 마릴린 먼로처럼 풍만해요 머리카락을 미역처럼 풀어헤친 비너스가 마린시티 빌딩 숲으로 헤엄쳐 가요 동화 속 인어는 왕자를 기다리다 물거품이 되지만 플라스틱 인어는 떠난 애인을 기다리지 않아요 해변에서 혼자 산책을 즐겨요 변신 프로그램이 장착된 인어는 애인 목소리를 바꿀 수 있어요 다정한 이름은 메모리 칩에 저장되어 깜빡일 뿐이에요 지난 계절의 입맞춤은 수정이 가능해요 맥주 집에서 새 애인과 이어폰을 나누어 꽂고 로망스를 들어요 빨간 버튼을 누르면 애인은 사라지고 파란 버튼을 누르면 복제되지요 그녀는 거울에 비친 자신을 사랑해요 그녀는 애인의 근육질 다리를 부드럽게 어루만져요 산호초 무덤에는 벗어던진 콘돔이 가득해요

녹조가 번지는 해변에서

에로틱한 인어는 불멸을 노래해요

포르노그래피 시상식

나무는 죄가 없다고
비명을 지르더니
알약을 먹었다

나무 그늘 아래
머리카락이 헝클어진 양귀비꽃은
나무가 말하는 상처라는 말에서

이상한 향기가 난다고 수군거렸다

나무가 어린 물고기를
먹어서 그런가 봐요

심사위원들은
배우의 연기가 아닌
언어가 풍기는 향기의 품격에만 집중했다

권위적인 영화감독은

에로틱한 대사를 전달하는 배우들을
1등급
2등급
3등급으로 분류했다

그는 담배를 입에 물고
언어가 황금이 되는 길에 대해
한 시간 동안 설명했다

언어에게
면류관을 수여하는 권위에 대해
제비들이 중얼거리자

솔직한 삼류들은
소주병을 들고 심야 영화관으로 갔다

벌거벗은 채 핥고 빠는
포르노배우가

눈동자를 고정하는 순간이 있다

모두가 아는 비밀이 폭로되면
나무는 죄가 없고
보스는 돈이 없고
삼류는 배역이 사라진다

엔딩 게임

레몬주스를 선택한다
선택지가
두 개, 네 개, 다섯 개로 늘어난다

막다른 길에 이르면
끝이라는 단어가
홍차를 마시는 혀끝에서 맴돈다

절벽인 줄 모르고
달리는 경주 자동차처럼

이별이라는 사건이 옆자리에서 일어난다

사무적인 만남이든
다정한 만남이든

헤어지는 눈빛을 애써 숨기지만
휑하니 버려지는 얼굴들

피라미드 꼭대기에
모두 오를 수는 없지

우린 엔딩 게임을 반복하는데
무표정한 시곗바늘이
텅 빈 머리 위를 지나간다

스쳐가는 우주의 그물 안에서
무심히 지나가는 환영들
당신도 나도 아닌 시간의 유령들

| 해설 |

어긋남의 감각
―김혜영의 시세계

구모룡(문학평론가)

구호를 외치는 겨울밤, 모르는 입술들이 사라지는 거리로 비둘기가 종종 걸어온다 이젠, 이민을 포기해도 될 것 같아 희망이라는 불빛이 반짝이지 거리에는 따스한 천사들이 떠다닌다 (「입술들」 부분)

'희망이라는 불빛'을 말하기에 현실은 무겁고 자아는 찢어지고 일그러져 있다. '따스한 천사들'은 흩날리는 눈처럼 순식간에 사라지고 만다. 실재하는 입술의 감각은 카메라의 렌즈가 가두고 서치라이트의 불빛이 지워버린다. 진실의 말은 쉽게 사라지고 의식은 늘 상상된 관계가 회수하고 억압한다. 이처럼 주체의 해방이 요원한 허구의 세계에서 시인은 무의식의 암실("대답할 수 없는 혀는/지하의 암실로 사라진다", 「질문들」에서)로 내려가 내면을 드러내고 밝히고자

한다. 일상과 현실과 어긋난 감각의 표출이다. 마치 손바닥에 달라붙은 장 콕토의 입술처럼 무감각과 탈(脫) 감정의 삶을 충격한다.

> 당신의 입술을 만지는 기적은
> 곤충도감에서 사라진 나비가
> 어느 날 기적처럼
> 담장에 핀 장미를 만나는 일이지요
>
> 당신의 눈동자를 바라보는 일은
> 자전거 바퀴를 굴리며
> 전생에 만난 별로 돌아가는 여행이지요
> 　　　　　　　　　(「당신이라는 은유」 부분)

김혜영 시인의 시는 낯설다. 단지 새롭게 쓰려는 낯설게하기의 의도에 따른 결과가 아니다. 상징 질서에 복속하는 자아와 소망하는 자아가 만드는 간격이나 내면과 꿈의 언어가 기술하는 이미지가 새롭고 기괴하다. 그는 「욕조의 마네킹」의 시편처럼 현실과 꿈, 의식과 무의식의 경계에 금을 만들고, 서로 다른 사물의 이미지를 병치하고 치환한다. 또한 주관적 감정으로부터 도피하는 주지적인 시적 태도를 일관하는데, 이는 서정적 자아보다 페르소나의 변주를 선호하는 발화로 나타난다. 시인은 자아를 드러내기보다 숨기거나 감추는 시법을 선호한다. 그래서 일인칭 경험적 자아를 따라 시를 읽는 관습에 익숙한 독자를 당혹하게 만든다. 시편을 따라 읽으면서 시인의 의식 지향과 변화의 지평을 찾으려는 비평의 기획을 차단한다. 반서정주의가 가져다주는 곤경이라 할 수 있다.

반서정주의는 근본적으로 자아와 언어에 대한 회의주의와 관련이 있다. 시집의 마지막 시편인 「엔딩 게임」의 결구가 말하듯이 "스쳐가는 우주의 그물 안에서/무심히 지나가는 환영들/당신도 나도 아닌 시간의 유령들"(「엔딩 게임」에서)의 세계에서 불확실한 삶과 불확정적인 의미를 반복하며 존재한다는 인식이 깔려 있다. 앞선 것에 대한 거듭된 부정은 언어 회의와 주체 회의라는 두 가지 벡터를 지닌다. "언어 너머의 세계"(「시계는 사과나무의 사랑을 모르고」에서)를 동경하고 "어디에도 없는 나"(「오슬로는 투명해」에서)를 찾아서 방황한다. 이와 같은 회의주의의 벡터가 시인의 시법을 간섭한다. 환영과 부재의 맥락을 형성하며 보이는 이미지의 세계와 보이지 않는 실재라는 대립의 결합이 가능하다. 드러남과 감춤, 보임과 보이지 않음은 김혜영의 시를 구성하는 주된 얼개이다. 이들의 어긋남이 시작의 연속성을 이루는데 낱낱의 시편을 시인이 만난 사물의 이미지가 구성한다. 따라서 자기표현을 통하여 시적 지평을 개진하는 과정보다 시인이 수행한 상상과 재현의 대상에 주목하지 않을 수 없다. 이 경우 개별 시편은 지성에 의하여 만들어진 형상 형태에 가깝다. 시인이 선택한 사물과 이미지, 그리고 이를 말하는 태도를 통하여 시적 세계에 도달하게 된다.

김혜영 시인이 그려낸 이미지들은 어긋나 있다. 이는 사물이 유기적인 연속성과 동일성 속에서 존재한다는 생각과 거리가 있다. 시집에서 가장 먼저 놓여 있는 「튤립」은 시인의 지각을 잘 보여준다. 기하학적인 형태로 조성된 공원에 피어 있는 튤립과 그 사이를 지나거나 벤치에 앉은 사람들이 각기 다른 모습을 하고 있다. 빛은 변화하고 바람은 유동한다. 다채로운 움직임이 활발하다.

공원은 기하학이다//두 손은 다정하고/공사장 인부의 안전모가 빛나고//먼 네덜란드를 떠나온 튤립 구근은/부산 시민공원 입구에 피어나/나비 떼처럼 흔들린다//카메라 렌즈에 비친/노란 튤립 사이로/수녀의 검정 치마가 흔들린다//은은히 불어오는 예감에/입술은 공기처럼 부풀어 오르고/튤립 봉오리는 미풍에 고개를 흔든다//벤치에 앉은 노인은/아내의 손을 쓰다듬는다/감미로운 속삭임이 번지는 저녁//곁에 가만히 다가온 몸짓/누구일까,/계절을 기억하는 나선형 우주는 음악을 켜고//우리가 사랑한 붉은 튤립이/흔들린다, 기하학적으로 (「튤립」 전문)

이 시에서 '공원은 기하학'이라는 첫 연의 구절은 돌연하다. '부산 시민공원'이라는 구체적인 장소의 모습을 말하고 있지만 '기하학'이라는 단어가 가지는 무게가 만만치 않다. 물론 주된 시적 대상은 표제의 위치에 있는 '튤립'이며 결구에서 '기하학적으로' 흔들리는 이미지로 그려지면서 수미상응의 구성을 이룬다. 공원 안의 다양한 사물들의 움직임은 '튤립'을 전경으로 삼는 배경이다. '공사장 인부의 안전모', '수녀의 검정 치마', '벤치에 앉은 노인' 등이 그렇다. 2연의 '두 손'이 '아내의 손을 쓰다듬는' 노인을 지시하는지 아니면 마지막 연의 '우리'를 지칭하는지, 다소 애매하나 후자로 이해하는 편이 좋겠다. '우리'의 시선 이동이 시의 전개를 이끌고 있기 때문이다. 이 시의 주된 흐름은 흔들림이라는 운동 이미지이다. 이러한 흔들림이 증폭하는 위치에 5연이 있다. '은은히 불어오는 예감에/입술은 공기처럼 부풀어 오르고'라는 구절이 말하듯이 생동하는 에로스의 실감은 6연에서 노인의 감응으로도 발현한다. 마침내 7연에서 '튤립'이 '계절을 기억하는 나선형 우주'로 비유되면서 숭고로 격상하고 있다. 이처럼 이 시에서 흔들림은 에로스의 감응으로 상승하는 형상으로 나타난다. 기하학과는 어긋난 움직임이다. 하지만 시적 화자는 서로 이질적인 이미지를 배치하고 결합한다. 일종의 그로테스크, 일종의 몽타주라고 할 수 있겠다. 정지와 동작, 사물의 생동하는 관계와 기하학적 형상이 병합되고 있다. 이러한 시적 양상은 「딸기를 먹는 일요일」에서도 변주된다. "딸기는 에로틱하지/딸기는 삼각형이지/눈 안에 모래 알갱이가 날리고"와 같은 진술을 들 수 있다.

「튤립」이 말하듯이 김혜영은 이질적이고 반대되는 사물의 공존과 결합을 가능하게 한다. 이는 변화, 단절, 부정이라는 현대사회의 양상에 상응하는 미메시스이다. 자기부정의 방식으로 표출되는 현대성은 이미지의 병치와 치환, 그로테스크, 아이러니, 알레고리와 같이 주지적인 양식을 동반한다. 가령 시인이 존경한 '무심 스님'(이 이야기는 김혜영의 산문집 『천사를 만나는 비밀』을 참조)의 죽음을 애도하고 추모한 「목련을 닮았다」조차 이미지를 통하여 표현한다. "귓가에 파아란 파도 소리가/수채화처럼 번진다, 듣고 있나요//목련이 지는 날/심장에 파란 멍이 들었고/스님 무덤에 흰 눈이 내렸네"라는 진술은 어쩌면 우리가 김혜영의 시편에서 경험적 자아의 목소리를 만나게 되는 대표적 사례가 아닌가 한다. 그만큼 시인은 서로 다른 자아와 사물에 대한 어긋난 감각을 표현하는 일을 견지한다. 가령 「수월관음도」의 서술이 그렇다. "연꽃 위에 앉은 사람"인 수월관음이 "여자인가 동물인가 제3의 성인가" 알 수 없듯이 시 속에 등장하는 사내도 "귀신인지 부처인지 사내인지/수월관음도를 가만히 본다". 의미와 무의미가 엇갈리고 정체성의 혼란이 지속된다. 그래서 시적 화자는 "양 갈래 머리를 땋은 동자"의 입을 빌려서 "난 몰라요 의미를 몰라요/무의미한 게 삶이라는데//어쩌겠어요 해가 지고/달이 뜨고 당신이 눈앞에 있어/소중해요 그것뿐이에요"라고 진술한다. 특정의 지각이나 동일성의 추구가 아니라 현상의 공존을 지향하고자 한다. 그러니까 시인의 이러한 입장은 시 쓰기를 자아의 모험과 결부하지 않으며 사물의 표면과 내부를 동시에 바라보고 경험하는 방식을 그려내는 데 익숙하다.

발아래 잠든 것은/잃어버린 눈송이였을까//눈사람의 가슴은 따스해지고/눈 내린 노르웨이 숲에서/새는 깃털에 앉은 눈을 털었지//빙하는 푸른 우울인지도 몰라/광장에서 노래 부르던 당신이 떠올랐지/눈빛은 투명하고 술 냄새를 풍겼지//빙하가 흐르는 강은 우윳빛,/호수가 들려주는 물빛 음악에/우리는 고요에 물들었지//죽은 주인을 찾아/숲으로 떠난 개는 어디로 갔을까/넌 이마가 참 맑구나/사이프러스 나무 그늘로 들어오렴//호숫가 옆 오두막에 켠 등불/여름밤은 느린 발걸음으로 걸어오지/백야라는 말에, 울컥 눈물이 났어//겨울이 오면 어둠은 우리를 안아주겠지/오로라는 먼 북쪽 하늘에 피어오르고//별은 하늘에 떴다 사라지고/눈이 내리면 사라지는 먼 마을의 전설처럼/우린 노르웨이 숲에서 잠들어요 (「노르웨이 숲의 사이프러스」 전문)

이 시편은 애매성(ambiguity)으로 교차한다. 표제를 보면 '사이프러스'에 감정을 투사한 방법의 시편으로 읽힐 수 있다. 그런데 첫 연과 마지막 연을 대응시키면 오히려 투사는 '잃어버린 눈송이'를 향한다. 노르웨이 숲의 사이프러스가 아니라 그 아래 묻힌 기억이 주된 모티프이다. 그렇다면 이 시에 등장하는 나와 너 그리고 당신과 우리의 실체가 무엇인지 궁금하다. 3연에 등장하는 '당신'은 추억의 대상인가 여행의 동반자인가? 4, 7, 8연의 '우리'는 누구인가? 5연에서 말한 "넌 이마가 참 맑구나"라는 구절의 '너'는 또 누구일까? 추억과 회상과 관계가 여러 겹의 이미지로 겹쳐지고 포개진다. 6연의 표현이 매개하듯이 어떤 상실의 기억으로 읽힌다. 서로 연관성을 지니거나 어긋나는 이미지를 병치하면서 시인은 자기표현을 약화하고 재현의 이미지를 강화한다. 적어도 이 시만큼 자아의 표현이 두드러진 경우를 만나기도 어렵다. 꿈 혹은 환상의 이미지로 그려진 「나무와 하얀 뱀이 있는 숲」은 욕망 혹은 내면의 표백으로 볼 수 있다. 어쩌면 초현실주의의 자유연상에 가깝다. 여하튼 시인은 "말랑말랑한 언어"를 추구하지 않으며 "매독에 걸린 마네처럼 시는 우울하다"(「마네의 풀밭에서」에서)라고 시적 장(field)에서의 자신의 위치 감각을 드러낸다.

음악이 말을 건네는 밤/처녀자리를 지나온/별이 다가왔다//번개처럼 사랑을 고백한 당신은/손등에 키스했지만/밤길을 동행하지는 않았지//이래라저래라 하지 마, 지겨워/애인은 전화를 끊어버린다//저 옷들은 내 취향이 아니야/마음속 얘기는 전혀 하지 않았지/옷장에 차곡차곡 저장만 하고/봄날이 와도 입지 않았지//바늘구멍을 뚫고 취직한 낙타는/빨간 입술로 이상한 충고를 하지/자유로운 물고기로 사는 게 좋아//도다리처럼 눈을 흘기면서도/우아한 미소를 짓는 정원의 꽃들/그림자가 되어주기를 바라는/커다란 나무들, 징그러워//불편한 식물들을 외면하는 밤/달은 더 어두웠고/난 피아노를 연주했다 (「다정한 사물들」 전문)

「다정한 사물들」은 시인이 사물을 지각하는 시적 방법을 잘 알게 한다. 예의 수미상응의 구조를 지닌 이 시편은 자유연상과 내면의 고백으로 이어진다. 1연의 "음악이 말을 건네는 밤"은 마지막 연의 "불편한 식물들을 외면하는 밤"으로 대응한다. "달은 더 어두웠고/난 피아노를 연주했다"라는 결구에 도달하기 위하여 중간의 여러 관계와 어긋난 감정이 알레고리를 품고서 진술된다. 표제인 '다정한 사물들'은 하나의 역설이다. 이 시편의 지향은 단독자의 고립과 소외이다. 처음의 음악과 별의 관계와 달리 끝의 '나'의 정황은 단절되어 있다. 사랑은 엇갈리고 원하는 성취는 이루어지지 않으며 주위는 '나'를 "그림자가 되어주기를" 바란다. 이 시편에서 '나무'는 가족 구성원 가운데 남성을 상기한다. 이는 「야구 소년이 잠들었을 때」와 「나무는 테니스를 친다」를 통해서 반복되며 「포르노그래피 시상식」에서는 일종의 남근 중심주의의 표상으로 확장한다. 이처럼 소외되고 억압된 주체 의식이 더욱 명료한 표현으로 진술된 시편이 「가스라이팅」이다.

팽이를 때린다 너를 때리고 싶어/네가 대답을 하지 않을 때/난 상상 속 팽이를 때린다//사나운 맹수처럼 채찍을 휘두른다/팽이는 그 힘으로 돈다//어쩌면 내가 맞는 것인지 모른다/독재자는 사랑을 은밀히 포장하지/가족도 짐승처럼 권태로워//탈주하는 나는 팽이를 때린다/우린 이류, 삼류라는 계급에 노출되었지/애인은 달콤한 혀로 눈꽃을 만들어/회색 공간에 흩뿌린다//성탄을 앞둔 모차르트 카페에서/천사들은 파티를 준비하고/구석진 자리에서 나는 파란 불빛이 된다//파랗게 멍들어 빛이 되는 신비/팽이는 맞으면서 생의 의지를 불태우고/미니 전구는 겨울밤 창가에 불빛을 비춘다 (「가스라이팅」 전문)

이 시편의 의도가 '가스라이팅'이라는 심리 현상을 설명하는 데 있지 않음은 당연하다. 시 속의 주인공은 '너'로 인하여 '상상 속 팽이'를 때리면서 대리 만족을 하려 하지만 실제 자신이 '팽이'일 수 있음을 안다. 사랑이나 가족과 같은 말의 포로가 되어 탈주하는 '나' 혹은 해방된 주체는 불가능하다. 천사가 될 수 없는 '나'는 '파란 불빛'에 불과하다. '파랗게 멍들어 빛이 되는 신비'는 종교가 강요하는 마조히즘을 닮았다. 결구의 아이러니가 말하듯이 시적 자아의 불빛은 미미하다. 하지만 피할 수 없는 예속의 관계 속에서 이와 같은 미광(微光)은 '생의 의지'와 다를 바 없다. 시 또한 희미한 불빛과 같이 더듬거리는 말에 다를 바 없다. "고백실로 양떼를 밀어 넣는 양치기처럼/말해야 한다고 중얼거리는 혀/이빨 사이로 흘러나오는 검은 글자들//고백할수록 미로에 빠지는 혀"(「사막의 저격수」에서)의 처지와 같지 않을까? 이러한 알레고리가 말하듯이 감금된 주체에게 있어서 언어는 감옥과 같다. 주체의 모험은 언어의 모험이다. 어쩌면 시인은 이러한 모험의 불가능성을 알고 있다. 고백이 권력의 제도가 되고, 익숙한 동일성이 쉽게 부서지는 삶의 현실을 직면하기 때문이다. 그래서 시인은 서정적 자아를 추구하는 일을 포기하고 주체와 언어를 회의하면서 서정에 반립하는 행로를 밟는다. 이럴 때 시는 자기표현이 아니라 수사학이 된다.

지금까지 어느 정도 일인칭 시적 화자가 서술하는 시편들을 읽었다. 「소년의 피로 물든 나무」처럼 경험적 자아가 드러나는 경우가 있는가 하면 「내 이름은 차밍 걸」과 같이 경험을 페르소나의 변주로 이끌어가기도 한다. 시적 화자를 경험적 자아와 동일시할 수는 없다. 김혜영의 시편에서 경험적 자아의 편린이 지워지고 시적 화자가 가면으로 등장하는 경우가 많다. 또한 앞서 말하였듯이 전반적인 경향이 주체의 자기표현보다 대상의 재현에 더 기울어져 있다. 가령 「모놀로그」는 죽음을 생각하는 어떤 인물의 독백이다. "벚꽃 휘날리는 극락처럼", "가벼운 흩날림, 먼 여행 같은" 자살을 말한다, "벚꽃은 호수로 뛰어내려요/가볍게, 가볍게"라고 진술하면서. 무거운 삶보다 가벼운 죽음을 진술하는 이 시의 발화는 극적 독백의 양식이다. 벚꽃이 흩날리는 봄날의 정황에서 어떤 결별을 죽음으로 마감한 이의 말을 극화하며 이미지로 제시한다. 감정의 표현을 제어하고 이미지를 통한 형식적 의지가 강화된다. 언어와 주체성의 어긋남의 감각이 이끈 시적 현상이다. 「무감각 제국의 소년」, 「유리병의 감정」, 「욕조의 마네킹」은 단속적이고 불연속적인 이미지의 배치와 결합으로 난해하다. 서로 다른 현실, 어긋난 관계, 엇갈린 시선이 하나의 시편 속에 들어와 있다. 「무감각 제국의 소년」은 "잔소리하는 아내"를 두고서 텔레비전 화면의 여러 채널에 "무감각으로" 시선을 둔 등장인물의 일상으로 짐작된다. "사랑은 전쟁처럼/섹스는 영화처럼/슬픈 키스의 나날들"이라는 정황적 의미가 드러나 있으나 각 연의 진술들은 비유기적인 형식을 구성한다. 실제와 욕망, 연상과 상상의 이미지들이 꼴라주 기법으로 한데 어울려 의미망을 형성한다. 「유리병의 감정」도 "식탁에서 일어난 사건"을 말하면서 여러 시선의 엇갈림과 기이한 형상이 개입한다. "아, 유리에 실금이 번져요"라는 진술이 말하듯이 사건의 심각함이 암시되고 있으나 그에 관한 감정은 철저하게 회피되고 있다. 이러한 태도에서 김혜영 시인의 특이성이 빛난다.

　욕조는 나른하다//햇살이 비치는 물속/수면 위로 나비가 앉는다/물결이 일렁일 때마다 알몸이 피어나고//젖은 목소리가 들려와요/저 편에서 느리게 느리게//여기는 어디예요/당신 귓속이지/목소리가 목소리를 듣는 거지//욕조를 기울이면 두 발이 떠오르고/귀를 기울이면 쏟아지는 빛의 나비들//잠겨있는 몸,/마네킹은 피어나는데/눈동자는 흐려지는데//단추를 풀면 우리도 검은 플라스틱이 될까/에덴을 떠난 이브처럼//천둥이 쳤다//번쩍, 금이 간 얼굴은 빛나고 (「욕조의 마네킹」 전문)

「욕조의 마네킹」처럼 시인의 지성은 다양한 시적 대상으로 확장된다. 일상에서 만나는 사물은 물론이고 회화와 음악, 독서와 여행의 경험은 외부를 향한 시적 관심의 대상으로 포획된다. 「플라스틱 인어」는 "해운대 동백섬 입구에" 있는 조각상이다. 낭만적 사랑이 사라진 시대의 플라스틱 관계를 풍자한다. "녹조가 번지는 해변에서/에로틱한 인어는 불멸을 노래해요"라는 결구는 의미심장한 역설을 품는다. 영화와 극장, 감독과 관객을 매개로 성적 판타지와 성 정치를 말하기도 하고(「변태적인 R과 마조히즘 취향을 가진 S」에서), 프로이트의 환자를 시적 모티프로 소환한다 (「까마귀」). 모두 무의식과 환상, 현실과 꿈, 의식과 욕망,

동일성과 비동일성, 이중성과 분열 등과 같이 어긋나는 주체와 언어의 문제를 말하기 위함이다.

「모던 걸」은 "유리 절벽의 끝에 선" 여성인 에밀리 데이비슨과 나혜석을 이끌어 내어 "죽지 않는 천사"로서의 여성을 경배한다. 앤디 워홀(「초록 뱀 구두」에서)과 데미안 허스트(「데미안 허스트」에서)와 천경자(「뱀을 그리는 일곱 가지 비밀」에서)의 그림을 패러디하면서 현대의 환영과 위악을 말한다. 마네, 실비아 플라스, 테드 휴즈, 에밀리 디킨슨 등을 동원하여 "문학의 아우라"가 있는 소재를 묻는(「마네의 풀밭에서」에서) 일과 이어지는데 궁극적으로 예술과 시의 현대성에 관한 시인의 질문에 상응한다.

새로움과 변화에 대한 시인의 감각은 A. I(「A. I 소녀와 히아신스 소년의 대화」에서), 빅스비(「동행-제24호」에서), 알렉사(「아침 식탁을 차리는 알렉사」에서) 등을 동원한 포스트 휴머니즘에 관한 관심으로 그 지평이 확장되고 있다. 로마(「로마에서 에스프레소 커피 두 잔을」에서)와 오슬로(「오슬로는 투명해」에서), 베이징(「진주 귀걸이를 단 서태후」에서)과 오키나와의 여행은 일상의 장소로부터의 벗어남이라는 시적 상황의 연출이다. 타자에 대한 감응이나 자아 탐구 그리고 내밀한 역사와의 만남은 방랑의 선물에 해당한다. 이들 대상은 깊이를 강요하지 않는 표면을 지니며 이미지와 그 아래 놓인 서사로 직조된다. 물론 이러한 외부는 주체를 파고드는 고된 노동에서 놓여나거나 벗어날 수 있게 한다.

이러한 시편에서도 시인은 항상 주체와 언어의 가장자리에 놓인 어긋남의 감각을 놓치지 않는다.

> 엄마를 닮은 국가는
> 이 지구상에 없나 봐요
> 희랍어로 쓴 비밀 법전에 있나 봐요
>
> 오래된 법전을 넘기는 심장이 두근거려요
> 콩고강은 긴 혀를 내밀어
> 내 이마를 적셔요
> 엄마, 맹그로브 숲으로 노를 저어 가요
>
> (「맹그로브 숲으로」 부분)

현대성의 핵심은 변화이다. 현대시는 이러한 변화에 대응하면서 자율적인 영토를 더 확장하고 있다. 김혜영 시인은 현실과 상상을 가로질러 현대적인 새로움의 이면을 해부하고 압류되고 있는 미래를 염려한다. 그가 지닌 어긋남의 감각은 '맹그로브 숲'과 같은 어떤 실재의 세계에 당도하려는 강력한 부정의 의식과 무관하지 않다. 자신을 뒤집는 오랜 전통을 생각하면서 진정한 새로움의 가치를 생각한다. 어긋나면서 다시 서로 결합하는 의미의 열린 지평을 개진함으로써, 김혜영의 시학은 현금의 시단에서 중요한 개성임에 틀림이 없다.

시인수첩 시인선 049
다정한 사물들

ⓒ 김혜영, 2021

초판 1쇄 인쇄 2021년 8월 18일
초판 1쇄 발행 2021년 8월 25일

지은이 | 김혜영
발행인 | 이인철

펴낸곳 | (주)여우난골
주 소 | 서울특별시 강남구 언주로30길 27. 606호 (도곡동 우성리빙텔)
전 화 | 02-572-9898
팩 스 | 0504-981-9898
등 록 | 2020년 11월 19일 제2020-000328호

블로그 | blog.naver.com/seenote
이메일 | seenote@naver.com

ISBN 979-11-973577-7-0 03810

* 파본은 구매처에서 바꾸어 드립니다.

* 이 시집은 2018년도 한국문화예술위원회 아르코문학창작기금 지원사업에 선정되어 발간되었습니다.